MÉMOIRES ET NOTES

SUR L'EMPLOI DE

L'ARTILLERIE NAVALE

PAR

L. LEWAL, lieutenant de vaisseau.

L'importante collection dont la publication vient de commencer sous ce titre, renferme des travaux consciencieux, approfondis et exclusivement pratiques, sur la plupart des questions que soulève l'emploi de l'artillerie navale ; questions qui ont un si haut intérêt pour l'arme de la marine.

Ces travaux ne sont pas des compilations, mais des études personnelles à l'auteur. Il prend la responsabilité des opinions qu'il exprime, des propositions qu'il formule, et, en entreprenant cette publication, uniquement destinée aux officiers de la marine, il croit pouvoir compter sur la sympathie et les encouragements de ses camarades.

Il eût été possible de réunir et de coordonner dans un seul ouvrage les études et les recherches auxquelles l'auteur s'est livré depuis dix ans ; mais

DÉPOT. { A Toulon, chez RUMÈBE, libraire sur le Quai.
A Paris, chez ARTHUS BERTRAND, rue Hautefeuille, 21.
Et dans les ports de Cherbourg, Brest, Lorient et Rochefort.

2ᵉ SÉRIE. — Nᵒ 2.

il a préféré les laisser, sans y rien changer, sous la forme de mémoires détachés et de notes qu'il leur avait primitivement donnée, à diverses époques, pour les présenter à l'examen du Conseil des travaux de la marine ou de diverses commissions.

Le prix minime de chaque brochure ou numéro en facilitera l'acquisition et permettra à chacun l'étude isolée des sujets et des questions spéciales qui l'intéressent plus particulièrement.

Toutes les parties de cette publication, dont l'ensemble a réellement un caractère d'unité, sont indépendantes l'une de l'autre. Chaque mémoire ou brochure, renferme en général une étude complète sans liaison directe et nécessaire avec les autres. Par l'étendue même des matières, la publication ne saurait être que successive, et elle a commencé par les numéros qui ont le plus d'actualité ou une utilité plus immédiate, sans suivre l'ordre des matières indiqué ci-après :

1re SÉRIE. — **Etudes diverses sur le matériel et son emploi.**

---

1. — Recherches théoriques et pratiques sur l'étendue du champ de tir horizontal et vertical des bouches à feu de la marine; les dimensions de l'écartement de leurs sabords, les formes et dimensions des coussins et coins de mire, des croissans, des adens de l'affût, etc. (Octobre 1853.)

2. — Expériences comparatives entre divers écouvillons. (Juillet 1854.)
Expériences relatives à diverses espèces de gargousses. (Janvier 1855.)
Note sur l'inflammation accidentelle des gargousses. (Juillet 1854), avec addition en mai 1857.)
Note sur les culots et les crasses. (Janvier 1855.)

3. — Résumé d'expériences sur les étoupilles à frictions. (Avril 1858.)
Agrandissement des lumières des bouches à feu marines. (Janvier 1856).
Note sur les valets, les tampons et les bouchons. (Novembre 1860.)
Note sur les bragues.
Note sur les sabots.

3 — Installation des passages des poudres et projectiles, sur les vaisseaux le *Henri IV,* et l'*Algésiras.* (1852-56.)

4. — Données d'expérience sur le tir des pièces de la marine; recueillies en 1853-54-55, à bord des bâtiments-écoles l'*Uranie* et le *Suffren.*

5ᵉ SÉRIE. — Etudes sur la tactique de combat.

1. — Note sur les qualités d'évolution des vaisseaux à hélice; expériences à faire pour les constater. (Avril 1860.)

2. — Etude historique sur le pointage et le tir des vaisseaux.

3. — Histoire technique des principaux combats de mer.

4. — Etude des évolutions et des manœuvres de combat, pour des bâtiments isolés.

5. — Etude des évolutions et des manœuvres de combat, pour des bâtiments réunis en escadres.

NOTA. — Les numéros qui ont paru sont marqués d'un astérisque.

MÉMOIRES ET NOTES

SUR L'EMPLOI DE

L'ARTILLERIE NAVALE.

MÉMOIRES ET NOTES

SUR L'EMPLOI DE

L'ARTILLERIE NAVALE

PAR

L . LEWAL, lieutenant de vaisseau.

DEUXIÈME SÉRIE.

(INSTRUCTION DES BATTERIES.)

N° 2.

Instruction pour les Exercices, les Manœuvres et les Tirs des batteries des gaillards des vaisseaux.

(DÉCEMBRE 1859.)

PUBLICATION AUTORISÉE PAR S. E. LE MINISTRE DE LA MARINE ET DES COLONIES.

PRIX : 1 FR. 25.

TOULON,

TYPOGRAPHIE ET LITHOGRAPHIE D'E. AUREL, RUE DE L'ARSENAL, 13.

1861.

Le manuel du matelot-canonnier ne renferme pas d'indications spéciales suffisantes pour l'instruction des batteries des gaillards. Il ne s'occupe guère que des caronades, et celles-ci ne figurent plus que par exception sur les gaillards des vaisseaux, armés maintenant de canons de 30 N° 4, de canons obusiers de 30 et de deux canons rayés.

On ne peut s'astreindre à amarrer et à manœuvrer ces pièces légères de la manière indiquée pour les pièces de gros calibre des batteries inférieures. Ce serait perdre du temps et prendre des précautions inutiles. D'ailleurs, les dispositions qui concernent les derniers servants, ne peuvent s'appliquer à des armements réduits.

Depuis plusieurs années, le nouveau grument des canons, composé de palans courts et d'aiguillettes, était appliqué sur une partie de nos vaisseaux sans être réglementaire. On avait déjà fait de longs essais sur la manière de l'employer, et l'on avait adopté certains modes d'amarrage, assez variés, il est vrai, lorsque la commission du *Vaisseau-Ecole* fut appelée à rédiger la nouvelle édition du Manuel. Il lui était enjoint de se baser uniquement sur l'emploi du nouveau gréement, le seul désormais réglementaire, et conformément aux prescriptions ministérielles elle a dû faire et présenter son travail dans le plus bref délai. Le nouveau gréement n'a donc pas été soumis à bord du vaisseau-école à une expérience assez prolongée ni sur une assez grande échelle pour que les méthodes d'amarrage formulées dans le nouveau Manuel puissent être considérées comme définitives. Celles que l'usage a fait adopter à bord des vaisseaux en l'absence de toute prescription réglementaire peuvent être soumises avec fruit à un examen comparatif avec les premières, et l'expérience acquise en escadre serait ainsi mise à profit lorsque la Commission sera appelée à réviser son dernier travail.

Il y a des manœuvres et des modes de commandement pour lesquels les instructeurs ne trouvent pas dans le Manuel des explications assez claires ni assez détaillées. Il en résulte un défaut d'uniformité regrettable au double point de vue de la régularité du service et de l'instruction des hommes.

Enfin, il y a des renseignements utiles et des données pratiques qu'il est bon de faire connaître aux chefs de batterie et qu'on n'a pu insérer dans le Manuel.

La présente instruction renferme tous les renseignements que je crois utiles à la bonne direction d'une batterie des gaillards. Elle contient des choses spéciales à ces batteries, et d'autres, telles que les observations générales sur les exercices et les tirs, qui s'appliquent également à toutes les batteries.

Je donne les mouvements et les manœuvres tels que je les ai fait exécuter dans les batteries des gaillards des vaisseaux le *Napoléon* et l'*Arcole*, l'une armée de canons obusiers de 30, l'autre de canons de 30 N° 4 (1).

Je pense que cette rédaction, inspirée par les traditions du vaisseau-école, pourrait servir de base au travail d'une commission qui rédigerait une instruction provisoire, devenue nécessaire en escadre.

Rade d'Algésiras, 9 décembre 1859.

---

(1) Pour ne pas faire double emploi, je n'ai détaillé que les mouvements qui manquent dans le Manuel, ceux qui n'y sont pas suffisamment expliqués et enfin ceux qui peuvent être modifiés avec avantage. C'est donc un supplément au Manuel qu'on veut faire, et il ne saurait en aucune façon remplacer ce dernier, dans toutes les autres prescriptions doivent être scrupuleusement observées.

ORDRE DES MATIÈRES.

I

Palanquer au recul.
Mettre en batterie.
Pointages obliques. ⎫
Pointages extrèmes. ⎭ La pièce étant en batterie.
Pointages obliques. ⎫
Pointages extrêmes. ⎭ La pièce étant au recul.
Suivre le pointage.
Tir à contre bord.

II

Désarmer un bord et armer l'autre, un bord étant armé.
Désarmer un bord et armer l'autre, les deux bords étant armés.
Tir à longueur de brague d'un bord et à volonté de l'autre.
Tir à longueur de brague des deux bords.
Manière de commander les pointages et les feux.

III

Amarrage à garans doublés.
Larguer l'amarrage.
Traverser en vache.
Remettre en batterie.
Amarrer en vache.
Larguer l'amarrage.

IV

Appel aux postes d'exercices et d'amarrage des deux bords.
Exemple d'un exercice général.

V

Mettre les canons rayés en chasse.
Les remettre à leurs postes.
Appuyer d'un ou de plusieurs sabords sur l'avant ou sur l'arrière.
Compléter la batterie d'un bord.
Changer un affût. — 1ᵉʳ procédé.
2ᵐᵉ procédé.

VI

Renseignements et observations divers.
Instruction pour les tirs.

I

<table>
<tr><td valign="top">

</td><td valign="top">

DÉTAIL (1).

</td></tr>
</table>

Palanquer au recul.

Au palan de retraite ! — Tous les servants, à l'exception des chargeurs, se portent au palan de retraite, prennent le garan des deux mains et se disposent à agir ensemble. Les premiers servants affalent les garans des palans de côté et soutiennent la brague.

Palanquez ! — Les servants font force ensemble : à courir pour les pièces libres ; à grands coups pour les pièces gênées ; jusqu'à ce que la brague soit raide. Les premiers servants calent les roues.

Mettre en batterie.

Aux palans de côté ! — Tous les servants prennent leurs postes et se rangent sur les palans de côté. Les premiers servants décalent les roues, soulagent les bragues et écartent les manilles. Le dernier de gauche se tient prêt à filer le palan de retraite.

(1) Il est bien entendu que le détail donné ici n'est fait que pour servir de guide aux instructeurs et qu'ils ne sont pas tenus de le réciter textuellement. Il n'en est pas de même des commandements qui doivent être répétés rigoureusement tels qu'ils sont écrits. Les instructeurs qui commandent des manœuvres au détail doivent également s'astreindre à faire exécuter les mouvements séparément, tels qu'ils sont décrits.

Les Nota et les Observations intercalés dans le texte, indiquent généralement la manière de diriger l'instruction, ou les motifs qui ont fait préférer le mode de manœuvre exposé.

COMMANDEMENTS.	DÉTAIL.

En batterie !

Les servants palanquent ensemble main sur main, sans arrêter, jusqu'à ce que la pièce touche le bord. Le dernier de gauche mollit le garan du palan de retraite et ne contretient qu'au dernier moment, pour empêcher la pièce de frapper le bord.

Nota. — Ces mouvements doivent être faits huit ou dix fois de suite au commencement de l'exercice, dans les premiers temps de l'instruction ; il faut les faire faire ensuite de temps à autre pour entretenir l'habitude

Observation. — Dans les batteries de canons obusiers de 30, quand les équipages seront formés, on exécutera les mêmes mouvements sans palans de côté. Ces pièces doivent toujours être manœuvrées à l'épaule, sans palans ni anspects, lorsque le tir est précipité.

Pointages obliques.

Au commandement : En chasse (ou en retraite) Pointez ! la pièce doit être portée dans le sens indiqué, sans secousse et sans arrêter jusqu'à ce que la volée touche le montant du sabord ; à ce moment, l'on s'arrête sans forcer. Mais si l'on commande : En chasse *extrême* (ou en retraite extrême) Pointez ! la pièce devant prendre la position la plus oblique possible, il faut la forcer et la rentrer au besoin. Le pointage n'est terminé qu'au moment où le bourrelet touchant une des feuillures des montants du sabord, l'autre côté de la volée, touche l'arête intérieure de l'autre montant. (A moins cependant que la tête du flasque porte sur un croc à palan, ou que la fusée de l'essieu ne porte sur un parc à boulet. La disposition vicieuse des crocs à palan et des parcs, limitent presque tous nos pointages extrêmes)

COMMANDEMENTS.	DÉTAIL.

1º La pièce étant en batterie.

En chasse. Pointez ! — Les 3mes servants engagent les anspects dans les anneaux carrés ; chaque file se range sur un anspect. Les premiers servants affalent les garans des palans de côté, font courir la brague et écartent les manilles. Le dernier de gauche affale le palan de retraite. Lorsque les hommes sont bien prêts à faire force dans le sens indiqué, le chef de pièce fait un signe de la main droite, auquel la pièce est portée rapidement et sans secousse en chasse, jusqu'à ce que la volée touche le montant du sabord sans forcer. Dès qu'elle y est, les troisièmes servants retirent les anspects et embarrent sous la culasse ; le chef prend la première position du pointage.

En chasse extrême. Pointez ! — *Canons obusiers de 30 (1).* — Mêmes dispositions qu'au mouvement précédent et même exécution. Au moment où la volée touche le montant du sabord, les hommes continuent à forcer sur les anspects. La pièce rentre en obliquant ; la volée glisse contre le montant du sabord, et la roue du bord opposé s'appuie sur la fourrure de gouttière. On est quelquefois obligé de donner plusieurs secousses pour arriver au pointage extrême ; mais avec des hommes exercés on doit y arriver sans arrêt sensible et par un seul effort des anspects.

Nota. — Les mouvements précédents doivent être exécutés huit ou dix fois de suite au commencement de chaque exercice, pendant

(1) Il y a une grande différence entre la manœuvre des canons-obusiers de 30 qui sont légers et qui peuvent se manier comme les pièces sur affût à quatre roues ; et celle des pièces sur affût à échantignolles. Les canons de 50 ⊦, canons rayés ⊦, canons de trente Nº 3, obusiers de 22° Nº 1 et 2 doivent se manœuvrer comme il est dit ci-après pour le canon de 30 Nº 4. — Il faut observer que le manuel, en conseillant les pointages extrêmes, dits : par arrachements, n'indique pas les procédés employés pour les obtenir. Ce sont ceux détaillés ici.

COMMANDEMENTS.	DÉTAIL.

les premiers temps de l'instruction. — On aura soin d'abord de ne faire que les pointages obliques simples, puis ensuite les pointages extrêmes. Dans ces derniers on fera reprendre habituellement la position : en belle, avant de faire passer directement d'un pointage extrême en retraite, à un pointage extrême en chasse.

**En chasse extrême.
Pointez !**

Canons de 30 N° 4. — (Les pointages extrêmes s'exécutent d'abord en quatre temps, avant de se faire à volonté.)

1ᵉʳ *Temps.* — Il est le même que le mouvement expliqué ci-dessus. (En chasse — Pointez !)

2ᵐᵉ *Temps.* — Caler la roue de l'avant et jeter aussitôt la culasse sur l'avant jusqu'à ce que la volée touche le le montant arrière du sabord sans forcer.

Nota. — Ce mouvement et le suivant ont pour but de porter la pièce sur l'arrière du sabord.

3ᵐᵉ *Temps.* — Décaler la roue, et mettre en batterie à toucher le bord, sans déranger la pièce de la direction qu'elle occupe.

Nota. — Si l'on éprouve de la difficulté à décaler la roue, ce qui arrive souvent, on porte légèrement la culasse du côté opposé à la roue calée, pour faciliter l'opération.

4ᵐᵉ *Temps.* — Jeter la culasse sur l'arrière, sans secousse et par un mouvement continu, jusqu'à ce que la volée touche le montant avant du sabord.

Nota. — Si le coin d'arrêt avait couru au deuxième temps, ce qui arrive quand la roue est mal calée, la pièce ne se trouverait pas au pointage extrême à la fin du 4ᵐᵉ temps. Il faudrait alors recaler la roue et recommencer les trois derniers temps.

Observations. — Lorsque les hommes ont bien saisi le mécanisme de l'opération, on fait faire le mouvement à volonté. Lorsque les chargeurs sont habitués à caler et décaler les roues à propos ; le pointage devient très-rapide.

(La pièce est supposée en chasse extrême.)

En belle-pointez! (la pièce droite au milieu du sabord).

1er *Temps*. — Embarrer les anspects dans les anneaux carrés, porter la culasse sur l'avant jusqu'à ce que la pièce soit pointée en retraite.

2me *Temps*. — Caler là roue de l'arrière sur l'avant ; ramener la pièce en belle ; décaler la roue et pousser en batterie.

Nota. — Dans tous les pointages obliques, le dernier servant de droite fait suivre les mouvements de la pièce à l'écouvillon et au refouloir.

Observations. — Les pointages obliques en retraite se font par les moyens inverses.

2o La pièce étant au recul.

Lorsqu'une pièce pointée obliquement fait feu, elle reste dans cette direction oblique en venant au recul. Lorsqu'elle est chargée, on la met en batterie comme elle se trouve, si l'on veut reprendre le même pointage. Il n'en est pas ainsi dans l'exercice ; la pièce palanquée au recul, reprend une direction en belle. En mettant en batterie il faut lui faire reprendre le pointage oblique.

En chasse, pointez!

Tandis que les servants mettent en batterie comme il est prescrit par le manuel, le chef de pièce dirige la pièce droite au milieu du sabord. Dès qu'elle approche du bord, il fait palanquer meilleur le palan de côté de l'arrière, et agit fortement sur l'anspect engagé dans l'anneau carré. Lorsque la pièce est en batterie la volée touche le montant avant du sabord.

| COMMANDEMENTS. | DÉTAIL. |

En chasse extrême-
pointez !

Les deux anspects sont engagés dans les anneaux carrés ; les troisièmes et quatrièmes servants s'y mettent. — Les premiers et deuxièmes restent sur les palans de côté. — Le chef de pièce dirige la pièce en batterie de manière que la volée rase le montant arrière du sabord. Dès qu'elle touche le bord, tous les servants agissent ensemble pour porter la culasse sur l'arrière et amener la volée à toucher le montant avant du sabord.

Nota. — On pointe en retraite extrême par les moyens inverses.

Suivre le pointage.

On suppose qu'on défile devant un but, ou qu'on est croisé par l'ennemi, le chef de pièce doit suivre le but dans toute l'étendue du champ de tir, en attendant qu'on ouvre le feu, ou que son tour soit venu de tirer.

1° En chasse-pointez !
2° En retraite, suivez
le pointage !

Pointer en chasse.

Les 3mes servants embarrent aux flasques, le chef de pièce, à la 2me position du pointage, fait porter la culasse sur l'arrière par un mouvement lent et continu, jusqu'à ce que la volée touche le montant opposé du sabord.

Nota. — Le mouvement se fait avec ensemble dans toute la batterie : il faut veiller qu'on ne donne ni chocs ni secousses aux pièces, en soulevant trop la queue de l'affût ou en le laissant tomber brusquement sur le pont ; car il en résulte un grand dérangement du pointage en hauteur.

Si l'on veut faire suivre le pointage en sens contraire. la pièce étant pointée en retraite, on commande : En chasse — Suivez le pointage !

Tir à contre-bord.

On suppose comme ci-dessus que le but traverse le champ de tir, mais plus rapidement, et l'on veut lui envoyer le plus de coups possible pendant le temps qu'on le découvrira.

1° Boulet plein, tir horizontal !
En chasse extrême-pointez !
Tir à contrebord !

La pièce est pointée avec soin, le plus obliquement possible en chasse.

2° A volonté-commencez le feu !

Chaque pièce tire trois coups à volonté, le plus rapidement possible : le 1er en chasse extrême, le 2me en belle et le 3me en retraite extrême. Après le 3me coup la pièce est chargée et remise en batterie comme au dernier pointage. Le chef se place à longueur de cordon, au 2me temps du pointage.

Nota. — Si le but défilait très-rapidement on ne tirerait que deux coups, à volonté : le 1er en chasse extrême ; le 2me en retraite. On devra alors l'indiquer avant l'ouverture du feu par le commandement : Tir à contre-bord ! On ne tirera que deux coups !

COMMANDEMENTS.	DÉTAIL.

Un bord armé, armer l'autre bord, pendant le feu à volonté.

(EXEMPLE. — Tribord armé.)

1° Boulet-plein, deux encâblures, en retraite, amorcez, pointez! A volonté continuez le feu!

2° Armez bâbord! A bâbord, tir horizontal en belle, à volonté commencez le feu!

Les chefs de pièce se portent aussitôt avec leurs servants, à l'exception des trois premiers de droite, à la pièce correspondante de l'autre bord, et commencent le feu indiqué. Les pièces de tribord sont abandonnées comme elles sont; en batterie ou non. Les trois premiers servants de droite restent pour les charger et les amarrer. Puis ils rejoignent leurs pièces à bâbord.

NOTA. — Une pièce abandonnée doit toujours être amarrée à garans simples : si elle est au recul, les deux roues de l'avant sont calées sur l'arrière.

OBSERVATIONS. — Le commandement : Armez, bâbord! se fait au moment où tribord ayant ouvert le feu, toutes les pièces sont au recul.

3° Roulement!

Après avoir chargé et mis en batterie, les chefs de pièce suivis de leurs servants à l'exception des trois premiers de droite, se portent à tribord pour mettre en batterie et amarrer la pièce s'il y a lieu. Puis ils reviennent à bâbord où les trois premiers de droite sont restés pour amarrer la pièce.

NOTA. — Le roulement se fait quand le feu est ouvert à bâbord dès que les pièces sont rentrées.

2

COMMANDEMENTS.	DÉTAIL.

COMMANDEMENTS.

1° Boulet creux, 3 en-
câblures, en chasse !
Amorcez, pointez !
A volonté commen-
cez le feu !
2° Armez tribord ! A
tribord, même
charge, tir hori-
zontal, en belle !
A volonté commen-
cez le feu !
3° Roulement !

1° Armez les deux
bords !

2° Armez bâbord ! (ou
canonniers, tous à
bâbord !)

Roulement !

A longueur de bra-
gue, commencez,
(ou continuez) le
feu !

DÉTAIL.

Même Mouvement : bâbord armé.

Nota. — Répéter toujours ces mouvements 6 ou 8 fois de suite. Avoir soin de rectifier chaque fois, les erreurs de postes et les oublis des hommes. Souvent ils ne pensent pas à se porter de suite de l'autre bord et ils continuent à charger ; ou bien les trois premiers de droite ne restent pas du bord qu'on désarme ; ou enfin, au roulement on oublie de remettre en batterie la pièce de l'autre bord.

Les deux bords armés, armer un seul bord, pendant le feu à volonté.

(Exemple. — Pour armer bâbord.)

Des deux bords, tir horizontal, en belle. Amorcez, pointez ! A volonté commencez le feu !

On achève de charger toutes les pièces, on les met en batterie et on les amarre. Après quoi les servants mobiles et les trois premiers servants de droite rejoignent le chef titulaire, qui se porte avec eux de l'autre bord ou chacun reprend son poste.

Nota. — On aurait armé tribord par les moyens inverses.
Répéter ces mouvements plusieurs fois de suite, en faisant passer alternativement les canonniers tous à tribord et tous à bâbord.

Tir à longueur de brague.

Ouvrir ou continuer le feu à longueur de brague d'un bord.

Exécuter l'amarrage par la première manière comme il est dit dans le manuel. mais sans brider la brague et en décrochant les poulies simples des palans de côté. Exécuter le feu comme il est prescrit par le manuel.

<table><tr><td>COMMANDEMENTS.</td><td>DÉTAIL.</td></tr></table>

Tir à longueur de brague d'un bord et à volonté de l'autre.

On suppose tribord armé.

<table>
<tr>
<td>

1° A tribord , à longueur de brague , continuez le feu !
2° A bâbord, tir horizontal , en belle, à volonté commencez le feu !

</td>
<td>

Les trois premiers servants de droite restent aux pièces de tribord, et continuent le feu à longueur de brague. Les chefs de pièce suivis de tous les autres servants se portent aux pièces correspondantes de l'autre bord et commencent le feu indiqué ; les pourvoyeurs continuent à approvisionner les pièces voisines du même bord.

Nota. — Ce feu est plus rapide que le tir ordinaire des deux bords.

Observations. — Si l'on voulait continuer le feu à volonté à tribord et commencer le feu à longueur de brague à bâbord, les trois premiers servants de droite, se porteraient à bâbord, et commenceraient le feu. Les servants mobiles les rejoindraient et les aideraient à amarrer la pièce , dès que la pièce de tribord aurait fait feu. La pièce amarrée à longueur de brague, les servants mobiles rejoignent la pièce du chef.

</td>
</tr>
</table>

Ouvrir le feu à longueur de brague des deux bords.

<table>
<tr>
<td>

Tir horizontal , en belle , à longueur de brague , des 2 bords commencez le feu !

</td>
<td>

La file de droite se porte du bord qui n'est pas armée, la file de gauche, de l'autre bord. Chaque file amarre sa pièce et commence le feu indiqué. Les pourvoyeurs continuent d'approvisionner les deux pièces voisines du même bord.

Nota. — Ce feu, lorsque les circonstances permettent de l'exécuter, est le plus rapide possible, et celui qui peut se prolonger le plus longtemps avec des équipages de pièce réduits.

</td>
</tr>
</table>

MANIÈRE DE COMMANDER LES POINTAGES ET LES FEUX.

On énonce toujours en commençant, la charge de poudre, puis l'espèce de projectile ; après quoi on met un intervalle.

On énonce ensuite la distance et la direction du but.—Second intervalle.

Le commandement d'exécution est toujours : Amorcez — Pointez !

Lorsque les pièces sont pointées, et les chefs de pièce au recul à la 2me position du pointage, on énonce le genre de feu, et on fait suivre cette énonciation du commandement d'exécution. — Exemple.

1° Grande charge ! boulet plein !

2° Trois encâblures ! en chasse !

3° Amorcez — Pointez !

4° Feu de file, par section !

5° Par la première pièce de chaque section. Commencez le feu !

On fait diverses conventions pour simplifier ces indications.

Ainsi : pour les canons de 30 N° 4 qui emploient une charge unique, on n'énonce jamais la charge ; pour les canons-obusiers de 30 l'emploi du boulet plein implique toujours celui de la grande charge.

Quand la distance n'est pas indiquée, on emploie toujours le tir horizontal.

Quand la direction n'est pas indiquée, on tire toujours en belle.

Enfin quand le projectile n'est pas indiqué, cela suppose toujours l'emploi d'un seul boulet plein.

III

<table>
<tr><td></td><td></td></tr>
</table>

Amarrage à garans doublés.

Il peut se faire de plusieurs manières : l'aiguillette est amarrée en simple ou en double ; les palans de côté au bouton de culasse ou à la queue des flasques ; avec ou sans palan de retraite en ceinture.

Toutes les fois qu'on ne donnera pas d'indication particulière, on fera l'amarrage en passant l'aiguillette en simple, en amarrant les palans de côté à la queue des flasques, et sans palans de retraite.

NOTA. — L'amarrage avec l'aiguillette en double est plus rapide ; mais avec l'aiguillette en simple il est plus solide, plus régulier et peut se soûquer d'avantage.

Le palan de retraite est inutile quand on amarre les palans de côté.

Amarrage d'un bord.

A tribord ! A garans doublés, amarrez!

Relever le croissant ; mettre en place la partie basse ; laisser tomber la culasse et le coussin, pousser la pièce en batterie à toucher le bord et droite au milieu du sabord ; caler les roues sur l'arrière. Capeler l'œil de l'aiguillette au croc à palan arrière dans la division arrière, au croc à palan avant dans la division avant. Faire trois tours au bouton de culasse, les placer l'un sur l'autre après les avoir molestés séparément ; faire trois tours de bridure au ras de la plate-bande de la culasse ou à toucher la culasse. Passer le garan sous le bouton et faire la même opération de l'autre côté de la pièce, genoper le bout du garan.

Pendant qu'une file amarre l'aiguillette, l'autre file amarre le palan de côté opposé. (La pièce est ainsi saisie dès le commencement de l'amarrage). Passer un tour sous la queue du flasque de dehors en dedans ; capeler au croc à palan ; molester ; passer un second tour sous la queue du flasque ; faire trois tours de bridure entre les deux poulies et genoper le bout du garan.

Tandis que la seconde file achève d'amarrer l'aiguillette, la première amarre le second palan de côté. Les servants parés les premiers remettent à poste les anspects, l'écouvillon et le refouloir. Le palan de retraite est decroché, lové et placé dans le poste à canon à droite des pièces. (Il est mis dans l'affût si on amarre pour la mer.)

Amarrage des deux bords.

Des deux bords, à garans doublés, amarrez !

La file de droite et le pourvoyeur se portent du bord qui n'est pas armé. On fait l'amarrage comme il vient d'être dit. Trois hommes à l'aiguillette et deux au palan de côté suffisent pour faire l'amarrage bien souqué.

Larguer l'amarrage.

Il y a trois cas :

1° A larguer l'amarrage des deux bords ! — La file de droite avec le pourvoyeur se porte du bord qui n'est pas armé, largue l'amarrage et approvisionne la pièce ; puis elle rejoint le chef qui, aidé de la file de gauche, a fait la même opération du bord armé.

COMMANDEMENTS.　　　　　　DÉTAIL.

2° A larguer l'amarrage — à tribord, à volonté commencez le feu ! — Les trois premiers servants de droite seulement se portent à bâbord pour larguer l'amarrage.

3° A larguer l'amarrage — des deux bords, à volonté commencez le feu ! — On arme les deux bords comme dans l'exercice ordinaire. Dès que les chefs titulaires ont largué l'amarrage et ouvert le feu, ils envoient les servants mobiles aux chefs provisoires.

Amarrage en vache.

Il comprend deux parties : traverser la pièce, l'amarrer. Le mouvement de traverser la pièce s'exécute d'abord d'un seul bord, au détail et par temps séparés.

Traverser en vache d'un bord.

Les pièces impaires seules exécutent le mouvement.

Pour mettre en vache.

A tribord, disposez !

1er *Temps*. — Décrocher les poulies simples des palans de côté. Tous les servants au palan de retraite ; palanquer au recul sans raidir la brague ; tenir bon dès que la tranche de la bouche est à la hauteur de la face intérieure de la muraille ; caler la roue de l'arrière sur l'avant ; décrocher le palan de retraite.

NOTA. — Si la brague était raide, on aurait beaucoup de peine à traverser la pièce. La roue doit être calée en plein et le servant chargé de caler doit peser de tout son poids pour maintenir le coin dans sa position.

A la culasse, traversez !

2me *Temps*. — Embarrer les deux anspects dans les anneaux carrés ; y ranger tous les servants ; agir ensemble au signal du chef et porter la culasse sur l'arrière ;

COMMANDEMENTS.	DÉTAIL.

la mettre d'un seul coup à toucher le bord; décaler la roue, dès que la volée a paré le montant avant du sabord.

Nota. — Le mouvement du coin d'arrêt est très-important. Si l'on ne décale pas au moment indiqué, la brague peut raidir, le mouvement est arrêté, et la pièce se trouvera toujours trop de l'arrière.

A la volée, traversez!

3ᵐᵉ *Temps*. — Engager un anspect dans la volée; ranger les servants sur l'anspect et sur la volée; porter la pièce à toucher le bord, tandis que le troisième servant de droite et le chef avec l'autre anspect contretiennent en embarrant sous la queue des flasques; rectifier la position de la pièce, la fusée de l'essieu et la queue du flasque touchant le bord; la masse de mire par le travers de la face avant du sabord. Le chargeur embraque le mou de la brague; le chef place le coussin de manière que la plate-bande de culasse repose sur son milieu. La défense est mise en place. La roue d'en dedans est calée sur l'avant et sur l'arrière par les deux coins d'arrêt.

Observations. — Aussitôt que les pièces impaires ont terminé le mouvement, on le fait faire par les pièces paires.

Remettre en batterie.

Les pièces impaires seules exécutent le mouvement.

Pour mettre en batterie.

Disposez!

1ᵉʳ *Temps*. — Engager un anspect dans la volée; ranger tous les servants sur cet anspect et sur la volée; agir ensemble pour écarter la volée de un mètre environ de la muraille; caler la roue de l'avant sur l'avant; crocher le palan de retraite à son poste; engager l'anspect dans l'anneau carré de l'avant.

2me *Temps*. — Tous les servants au palan de retraite ; agir ensemble pour rentrer la pièce ; décaler la roue dès que la volée pare le montant du sabord ; affaler le palan de retraite et pousser en batterie à l'épaule, en dirigeant la pièce avec l'anspect.

NOTA. — Le mouvement du coin d'arrêt est très-important; s'il n'est pas fait à propos, la volée ira heurter la muraille, ou l'on perdra du temps.

OBSERVATIONS. — Dès que les pièces impaires ont terminé le mouvement les pièces paires l'exécutent.

Il faut faire exécuter ces mouvements très-souvent au détail, avant de les faire faire à volonté.

Traverser en vache des deux bords.

Des deux bords – en vache, traversez!

Les chefs de pièces impaires restent à tribord avec leurs servants ; ceux des pièces paires se portent à bâbord. Chacun traverse sa pièce, et se porte aussitôt de l'autre bord où il fait la même opération.

Observation sur la manière d'instruire les hommes.

On fait d'abord au détail le mouvement de traverer sans amarrer.

Les pièces impaires d'abord, puis ensuite les pièces paires, mais toujours du même bord , afin que les hommes apprennent en voyant faire les autres. Quant ils savent bien traverer et remettre en batterie , on leur apprend l'amarrage qu'on fait toujours plusieurs fois de suite sans remettre en batterie. Lorsqu'il se fait bien, on envoie les pièces impaires à tribord, les pièces paires à bâbord ; on fait traverser et amarrer, chacun restant de son bord. Enfin, on fait le mouvement des deux

COMMANDEMENTS.	DÉTAIL.

bords, comme l'indique le manuel. Chaque pièce après avoir traversé d'un bord, va traverser de l'autre ; après quoi chaque file va faire l'amarrage d'un bord.

Amarrage en vache d'un bord.

En vache-amarrez !

Capeler l'œil de l'aiguillette au croc à palan arrière ; passer deux tours sous la fusée de l'essieu et deux au croc ; passer le double dans le croc à palan avant, passer deux tours à la queue du flasque d'en dedans ; et deux tours au croc ; faire trois tours de bridure avec le bout à la croisure de l'aiguillette ; soulager la culasse et enfoncer le coussin le plus possible pour souquer l'amarrage ; crocher l'un dans l'autre, les crocs des poulies simples des palans de côté, dont la poulie double est restée crochée au croc à palan ; raidir ces palans, passer le garan du palan arrière au croc à palan avant et brider avec le bout les garans du palan avant. De même, capeler le garan du palan avant, au croc à palan arrière et brider avec le bout les garans du palan arrière. Le palan de l'avant passe sous la volée ; le palan arrière, sous le bouton de culasse. Le mariage des crocs des poulies simples se trouve vis-à-vis du piton à fourche. Lover le palan de retraite et le placer avec les anspects, l'écouvillon et le refouloir entre la pièce et le bord.

Larguer l'amarrage.

A larguer l'amarrage sans mettre en batterie !

Larguer les garans des palans de côté ; décrocher les poulies simples ; larguer la croisure ; donner un peu de mou à l'aiguillette, la décapeler de la fusée et de la queue du flasque ; lover l'éguillette ; mettre en place le palan de retraite, les anspects, l'écouvillon et le refouloir.

Amarrage en vache des deux bords.

Des deux bords, en vache-amarrez!

La file de droite, aidée des pourvoyeurs, se porte ou reste du bord qui n'est pas armé, et amarre la pièce. Le chef avec la file de gauche fait la même opération du bord armé.

Larguer l'amarrage des deux bords.

Il y a trois cas. — Comme pour l'amarrage à garans doublés. *(Voir cet amarrage).*

OBSERVATION. — Le but qu'on se propose en mettant les pièces en vache pour exercice, dans une batterie des gaillards, est surtout d'exercer les hommes à manier rapidement et adroitement les pièces.

Il n'a guère d'autre utilité, et n'est qu'accessoire.

IV

Appels aux postes d'exercice et d'amarrage
des deux bords.

Avant d'exécuter les manœuvres et les amarrages des deux bords, il est essentiel de s'assurer que les hommes connaissent bien leurs postes.

Il faut les y envoyer plusieurs fois de suite et en faire l'appel avant de manœuvrer.

L'exercice suivant est très-utile à faire de temps à autre.

On suppose tribord armé.

Armez les deux bords !

Canonniers tous à tribord !

Armez les deux bords !

Canonniers tous à bâbord !

Aux postes pour amarrer à garans doublés des deux bords.

Aux postes pour larguer l'amarrage des deux bords.

Aux postes pour larguer l'amarrage des deux bords, et commencer le feu à tribord.

Aux postes pour larguer l'amarrage des deux bords, et commencer le feu à bâbord.

Aux postes pour larguer l'amarrage des deux bords, et commencer le feu des deux bords.

Aux postes pour traverser en vache des deux bords.

—   pour amarrer en vache des deux bords.

—   pour larguer l'amarrage des deux bords.

Aux postes pour larguer l'amarrage des deux bords et commencer le feu à tribord.

Aux postes pour larguer l'amarrage des deux bords et commencer le feu à bâbord.

Aux postes pour larguer l'amarrage des deux bords et commencer le feu des deux bords.

Aux postes pour amarrer à longueur de brague, continuer le feu à tribord, ouvrir le feu a volonté à bâbord.

Aux postes pour amarrer à longueur de brague, continuer le feu à tribord, ouvrir le feu à volonté à tribord.

Aux postes pour amarrer à longueur de brague, continuer le feu à tribord, ouvrir le feu à volonté à tribord, et ouvrir le feu des deux bords.

Aux postes pour mettre les canons rayés en chasse.
    —   mettre les canons rayés à leur poste.

Aux postes pour changer l'affût de la 33me, de la 36me, de la 41me, etc.

Exemple d'un exercice général.

(Pour une batterie exercée).

Armer la batterie, l'appel, compléter.	Rappel. — Armez tribord. Roulement ! Complétez ! — Otez les chemises de laine.
Approvisionner....	Approvisionnez les deux bords. Roulement !

Première partie. — Exercices.

Exercice d'un bord.. { Exercice par commandements et par temps. Deux tours. (Exiger une précision et une rapidité absolue dans chaque mouvement. — Le recommencer au besoin)

Pointages obliques ..

Pointages obliques ! En chasse, pointez ! — En belle ! — En retraite, pointez ! En belle ! — En chasse, pointez ! — En retraite , pointez ! — En chasse , pointez ! — En retraite, pointez ! — En belle !

En chasse extrême, pointez ! — En belle ! — (Les pièces droites au milieu du sabord). — En retraite extrême, pointez ! — En belle ! — (Les pièces droites etc.) — En chasse extrême, pointez ! — En retraite extrême, pointez ! — En chasse extrême, pointez ! — En belle ! — (Les pièces droites, etc.)

Tirs divers, désarmer un bord et armer l'autre.........

Boulet plein. — 3 encâblures, en chasse ! — Amorcez , pointez !

A volonté , commencez le feu !

Armez bâbord ! — A bâbord , boulet plein. — Tir horizontal , en belle. — A volonté, commencez le feu !

Roulement !

Boulet creux, — 2 encâblres, en retraite ! — Amorcez, pointez !

Feu de file par section. — Par la 1re pièce de chaque section.

Commencez le feu !

Armez tribord ! — A tribord — boulet creux. Tir horizontal, en belle. — A volonté , commencez le feu !

Roulement.

Tirs divers des deux bords..........

Boulet et mitraille. — Tir horizontal, en belle !

A volonté, commencez le feu !

Armez les deux bords ! — A bâbord même charge, même pointage.

A volonté, commencez le feu !

Canonniers, tous à bâbord ! Boulet plein, une encâblure et démie. — En chasse, continuez le feu !

Roulement !

Boulet creux. — 2 encâblures, en belle ! —Amorcez, pointez !

Feu de file par division. — Par la dernière pièce de chaque division !

Commencez le feu !

Armez les deux bords. — A tribord — deux boulets. Tir horizontal, en belle!—A volonté, commencez le feu !

Canonniers, tous à tribord ! Boulet plein. — 2 encâblures, en retraite, continuez le feu !

Tirs à longueur de brague ....

Boulet plein. — Tir horizontal, en belle ! Amorcez, pointez!

A volonté, commencez le feu !

A longueur de brague, continuez le feu !

A bâbord, à longueur de brague, continuez le feu ! A tribord, boulet plein, tir horizontal en belle, à volonté, commencez le feu !

Roulement !

Deux boulets. — Tir horizontal, en belle. A volonté, commencez le feu !

A longueur de brague, continuez le feu !

A bâbord, à longueur de brague, continuez le feu ! — A tribord, à mitraille. — Tir horizontal, en belle. — A volonté, commencez le feu !

Des deux bords ! à longueur de brague. — Continuez le feu !

Roulement !

Ecole des avaries...

Boulet plein. Tir horizontal, en belle – amorcez pointez!

A volonté continuez le feu!

La brague de la 33ᵐᵉ est brisée!

L'étoupille de la 35ᵐᵉ a raté!

Le percuteur de la 36ᵐᵉ est brisé!

Le percuteur de la 37ᵐᵉ est brisé ; il n'y en a pas pour le remplacer!

Le boulet de la 38ᵐᵉ est engagé!

La poulie double du palan de droite de la 39ᵐᵉ est brisée!

Le garan du palan de retraite de la 40ᵐᵉ est brisé!

La file de droite de la 41ᵐᵉ est hors de combat!

La masse de mire de la 42ᵐᵉ est brisée!

(Continuer en changeant d'avarie à chaque pièce jusqu'au repos.)

Repos..........

Roulement!

Remettez les chemises de laine!

Repos!

Deuxième partie. — Amarrages.

Amarrages à garans doublés........

Roulement! Otez les chemises de laine!

Armez tribord!

Des deux bords, à garans doublés. Amarrez!

Tout le monde au recul à tribord!

A bâbord, boulet plein. Tir horizontal, en belle, à volonté. Commencez le feu!

Roulement!

Des deux bords, à garans doublés, amarrez!

Tout le monde au recul à bâbord!

A tribord, boulet plein, tir horizontal, en belle. A volonté, commencez le feu!

Roulement!

<table>
<tr><td rowspan="11">Amarrages en vache.</td><td>Des deux bords, en vache, traversez !</td></tr>
<tr><td>Des deux bords, en vache, amarrez !</td></tr>
<tr><td>Tout le monde au recul à tribord !</td></tr>
<tr><td>L'amarrage des deux bords, larguez !</td></tr>
<tr><td>Tout le monde au recul à bâbord !</td></tr>
<tr><td>Des deux bords, en vache, amarrez !</td></tr>
<tr><td>Tout le monde au recul à tribord !</td></tr>
<tr><td>A tribord, boulet plein, tir horizontal en belle.</td></tr>
<tr><td>A volonté, commencez le feu.</td></tr>
<tr><td>Roulement !</td></tr>
</table>

<table>
<tr><td rowspan="4">Taper, amarrer, sortir de batterie....</td><td>Tapez, amarrez !</td></tr>
<tr><td>Remettez les chemises de laine !</td></tr>
<tr><td>Roulement et trois coups de baguette !</td></tr>
<tr><td>Pour sortir de batterie (etc.).</td></tr>
</table>

OBSERVATIONS. — Les mouvements et manœuvres indiqués remplissent exactement le temps consacré à l'exercice, c'est-à-dire une heure et demie avec un repos d'un quart d'heure. — C'est là le type d'un exercice général ; il réunit les choses les plus importantes. Lorsqu'une batterie est formée, il faut faire cet exercice deux fois sur quatre. Dans tous les exercices généraux, le fond reste le même, mais on y introduit successivement les mouvements particuliers ou exceptionnels, de manière à faire chaque mois toutes les manœuvres possibles. On a soin d'insister particulièrement sur celles que les hommes savent où réussissent le moins.

V

Mettre les canons rayés en chasse.

Cette opération doit se faire promptement ; elle exige du monde de renfort, qu'il y ait deux armements ou qu'il n'y en ait qu'un.

On suppose ici qu'il n'y a qu'un armement, et que les canons rayés sont au sabord de joue de chaque bord.

Les canons rayés en chasse !

La file de droite se porte du bord qui n'est pas armé. La 33me pièce complète l'armement à tribord, la 34me à bâbord.

Le chargeur du canon rayé devient chef du bord qui n'est pas armé ; les chargeurs des pièces qui complètent deviennent chargeurs aux canons rayés. La 35me pièce est armement de renfort à tribord ; la 36me à bâbord.

Ranger les hommes au palan de retraite ; démailler la brague et croiser les bouts sur la volée ; décrocher les poulies doubles, des palans de côté et les croiser sur le renfort ; palanquer les pièces au recul ; caler la roue de l'arrière sur l'avant ; embarrer les deux anspects dans les anneaux carrés, mettre le levier directeur à son poste ; décrocher le palan de retraite et traverser la pièce la volée sur l'avant ; décaler la roue ; pousser la pièce en avant à force de bras et d'anspects. Pendant ce temps les manilles de brague, sont mises en place au sabord de

<table>
<tr><td>COMMANDEMENTS.</td><td>DÉTAIL.</td></tr>
</table>

chasse ; les palans de côté sont élongés en grand et restent passés en simple ; la poulie double est crochée au croc à palan du sabord de chasse. L'écouvillon, le refouloir et les coins d'arrêt sont apportés à leurs postes.

Dès que les palans de côté sont crochés, les anspects sont déposés ; tous les servants se rangent sur les garans et palanquent la pièce en batterie. La brague est maillée, les palans de côté repassés en double et le palan de retraite croché à son poste. Les pièces de renfort retournent à leur place.

Nota. — En temps de guerre, et dans quelques branlebas de combat, les pavois de la poulaine sont démontés à l'avance par les charpentiers ; le gréement de beaupré est molli, soulagé et bridé par les gabiers de beaupré, pour dégager complètement les sabords de chasse.

Remettre les canons rayés à leur poste.

Les canons rayés à leur poste !

La 35ᵐᵉ et la 36ᵐᵉ pièce, se portent en renfort aux canons rayés. Ces pièces sont reconduites à leur poste par les mêmes mouvements et les moyens inverses.

Nota. — S'il s'agissait de placer un canon rayé à la coupée, ou à un sabord de l'arrière, ou de les mettre tous deux du même bord, on emploierait des moyens analogues. Mais quand la pièce doit parcourir un long espace, tous les servants la traînent au moyen d'une aiguillette frappée sur la volée. Toutes les pièces placées sur le passage dégagent le pont en retirant les palans de retraite, écouvillons, refouloirs, etc., sans qu'il soit besoin d'en faire le commandement.

Observations. — Ces dernières manœuvres doivent être faites rarement. Elles fatiguent beaucoup les ponts pour peu qu'ils soient vieux. Dans ces transports de l'arrière à l'avant, les bordages fléchissent, les barrotins sont brisés. On a même vu à bord du *Napoléon*, la roue d'un canon rayé, mis en chasse, passer dans l'hôpital à travers les bordages du pont. — La meilleure place des canons rayés est donc au sabord de joue disposé à cet effet.

Appuyer d'un ou de plusieurs sabords, sur l'avant ou l'arrière.—Compléter la batterie d'un bord.

Les sabords des gaillards ne sont pas tous occupés par des pièces ; rarement les nécessités du service intérieur permettent de placer les canons aux sabords, les plus favorables pour l'exercice et le combat. D'un autre côté, dans les embossages, quand le combat doit durer long-temps du même bord, on peut désirer augmenter la force de la batterie en remplisssant les sabords libres. Il est bon d'exercer les hommes à cette opération qui les habitue d'ailleurs à manier lestement leurs pièces. La batterie des gaillards du *Napoléon*, armait ainsi 15 pièces d'un bord, dont deux canons rayés.

Pour appuyer d'un (ou de plusieurs) sabord sur l'avant.

—

Disposez !

Appuyer d'un (ou de plusieurs) sabord.

1er *Temps.* — Les premiers servants démaillent la brague et croisent les bouts sur la volée ; les deuxièmes servants décrochent les poulies doubles des palans de côté et les croisent sur le renfort. Tous les servants se portent au palan de retraite et palanquent la pièce au recul. La roue de l'arrière est calée en avant ; les anspects mis en place dans les anneaux carrés ; la poulie simple du palan de retraite décrochée et mise sur le renfort. La pièce est traversée, la volée sur l'avant, la roue décalée.

Tous les servants se groupent à la pièce, prêts à la pousser à l'épaule dans la direction indiquée. Les anspects restent engagés dans les anneaux carrés. Le chef de pièce et les troisièmes servants se disposent à s'en servir pour diriger la pièce et soulager la queue de l'affût. Le pourvoyeur et les derniers servants portent les coins d'arrêt, l'écouvillon, le refouloir et les manilles de brague, qui accompagnent toujours la pièce.

Nota. — Comme toutes les pièces traversent ensemble, ce mouvement devra se faire avec précaution, afin que les hommes ne se blessent pas en se heurtant avec les anspects ou avec les volées des pièces.

Si l'on avait fait le commandement d'appuyer sur l'arrière, on aurait calé la roue de l'avant, en avant, et traversé les pièces la volée vers l'arrière.

Marche!

2me *Temps*. — Tous les servants agissent ensemble pour porter la pièce en avant. La plus de l'avant, part la première, et les autres la suivent successivement, chaque pièce ayant soin de laisser gagner la pièce qui la précède, pour éviter les encombrements et les accidents. La première pièce, appuie du nombre de sabords indiqués, met en batterie à l'épaule, maille la brague, croche les palans de retraite et de côté et approvisionne. Toutes les autres l'imitent en allant occuper le sabord immédiatement voisin de la pièce qui les précède.

Nota. — Si l'on avait commandé d'appuyer sur l'arrière, la pièce la plus de l'arrière serait partie la première au commandement de marche.

Observation. — Lorsque dans une batterie des gaillards, le poste habituel des pièces, n'est pas aux sabords les plus favorables, on commence et on termine tous les exercices généraux par la manœuvre qui précède.

Renvoyer les pièces à leur poste.

Quelque soit le mouvement qu'on ait fait d'abord, on fait toujours le commandement et le mouvement inverse pour renvoyer les pièces à leur poste.

Compléter la batterie d'un bord.

Pour exécuter ce mouvement on suppose qu'on fait d'abord serrer sur l'avant toutes les pièces. du bord indiqué. On suppose aussi qu'on peut compléter avec trois pièces.

Pour compléter la batterie à tribord (ou à bâbord).

—

Disposez !

Marche !

La 40me, la 41me et la 42me se portent aux pièces correspondantes de l'autre bord. Elles traversent les pièces, la volée sur l'arrière, comme dans la manœuvre qui précède.

La 42me part la première et va au dernier sabord de tribord, et les deux autres, la suivant par un mouvement successif, occupent les sabords voisins sur l'avant. Arrivées en batterie les pièces sont approvisionnées.

Ce mouvement exécuté, la 42me arme (comme pièce voisine à droite) les deux dernières pièces de tribord ; la 41me les deux suivantes ; la 40me de même. — Les six dernières pièces seront alors manœuvrées comme dans l'exercice des deux bords, à moins qu'on ne préfère compléter leur armement avec les gabiers de combat, timoniers, etc., qui n'ont rien à faire. Dans ce dernier cas les pièces au lieu d'être armées comme pièces voisines à droite, le seraient en dédoublant les files.

Nota. — Pour renvoyer les pièces à leur poste, on fait le mouvement inverse. Au commandement : Les pièces de bâbord à leur poste! Les trois dernières pièces sont traversées, la volée sur l'avant ; la 40ᵐᵉ part la première pour passer de l'autre bord.

Ce n'est qu'après l'exécution de ce mouvement, qu'on fait appuyer d'un ou de plusieurs sabords sur l'arrière, pour ramener les pièces de tribord à leur poste.

Changer un affût.

Premier procédé.

Il est admis en principe qu'on ne change pas d'affût pendant le feu, mais seulement pendant un intervalle de repos. Tant que le feu dure les hommes d'une pièce démontée sont employés plus utilement au remplacement des blessés. Enfin, les affûts de rechange sont en si petit nombre que cette opération ne sera jamais fréquente.

Le manuel n'indique pas de moyen de changer un affût, pour les canons des batteries des gaillards ; il ne s'occupe que des caronades. A bord de plusieurs vaisseaux, on emploie pour changer les affûts des canons de 30, Nº 4, et des canons obusiers de 30, des bailles de combat et des barres de cabestan. Ce procédé est lent parce que les objets nécessaires ne se trouvent pas sous la main ; il peut être dangereux en certains cas, surtout si le navire à des mouvements de roulis un peu marqués ; enfin, il est inapplicable lorsque l'affût est réellement brisé et la pièce renversée, ce qui est le cas le plus fréquent. Il est plus court, plus simple et toujours possible de se servir pour les changements d'affût, d'un palan aiguilleté sur la grand'vergue à l'aplomb du milieu du passavant, et dont le garan faisant retour au pied du mât est élongé sur l'arrière.

Dans les exercices généraux et les branlebas de combat, une caliorne de braguet ou un bout de vergue de grand-canot, est toujours disposé à cet effet par les soins des gabiers chargés de prendre dans le gréement les dispositions de combat. Une élingue à canon et son erseau (1) sont placés au pied du grand-mât en approvisionnant la batterie.

Le démontage exige quatre armements de pièces pour un canon de 30 N° 4 (3 seulement pour un canon obusier de 30). Les pièces de la batterie sont donc reparties d'avance en groupe de quatre qui fonctionnent toujours ensemble ainsi qu'il suit : 39, 40, 41, 42. — 35, 36, 37, 38. — La 33me et la 34me sont aidés par 35 et 36. La convention une fois établie on sait que dans chaque groupe, la pièce voisine de celle qui change d'affût, aide à conduire cette pièce sous le palan et à la ramener à son poste. Les deux autres pièces se portent directement au garan du palan, et rejoignent leur poste dès que la pièce est soulagée.

Conduire la pièce sous le palan.

L'affût de telle pièce est brisé !

Le chef de pièce commande : Au palan de retraite ! ôte la bride de brague, décapelle la brague et fait palanquer au recul. Il déshabille la pièce, retire le coin de mire et fait enlever les sus-bandes. Les palans de côtés sont décrochés ainsi que le palan de retraite. On traverse la pièce, la volée tournée vers le grand-mât. Les

(1) L'aiguillette qui sert de bridure est longue à mettre en place ; de plus on lui donne souvent trop ou trop peu de mou, et la pièce ne monte pas carrément. Il vaut mieux se servir d'un erseau en fort filin dont le diamètre est calculé pour que la pièce soit bien balancée. Il se capelle à la volée, par dessus l'élingue et en même temps qu'elle.

COMMANDEMENTS.	DÉTAIL.

anspects sont engagés dans les anneaux carrés. Tous les servants se rangent prêts à faire force , pour conduire ou traîner au besoin la pièce sous le palan.

NOTA. — Au commandement : L'affût de telle pièce est brisé ! toutes les pièces comprises entre le grand-mât et la pièce désignée, décrochent leur palan de retraite , mettent en batterie si elles n'y étaient pas, enlèvent les écouvillons, refouloirs et anspects et dégagent le passage de tous les obstacles qui pourraient contrarier la marche de la pièce.

Marche !

La pièce est conduite sous le palan , et élinguée par les chefs des deux pièces de renfort et un quartier-maître. Le double armement se porte aussitôt, au garan , à l'exception du chef et des autres servants destinés à retirer l'affût de dessous la pièce. Le croc du palan est croché dans l'élingue. Un anspect reste engagé dans l'anneau carré, l'autre est mis dans la volée pour la diriger et au besoin , la retenir horizontale. Le chargeur se porte au bout du garan pour tourner, et reste au retour pour mollir lorsque l'affût sera changé.

Soulager la pièce et retirer l'affut.

Embraquez !
Attention !

On embraque le mou du garan.
Tous les servants font face à la poulie, et se disposent à agir ensemble.

Palanquez !

Les servants palanquent , quatre grands coups, en étalant sur chaque coup.

Amarrez !

Le garan est tourné et l'affût dégagé de dessous la pièce.

NOTA. — Dans les exercices, on profite de ce moment pour gratter les tourillons et leurs encastrements, et les suiver ensuite légèrement. Toutes les pièces de la batterie peuvent subir facilement cette opération une fois par mois.

COMMANDEMENTS. | **DÉTAIL.**

Observation. — Si l'on ne fait pas seulement le simulacre du démontage et qu'on veuille changer l'affût réellement ; les deux armements de renfort avant de se porter au garan vont chercher l'affût de rechange le hissent ou le prennent sur le pont et le conduise sous le palan à la suite de la pièce, les mêmes armements conduisent à poste l'affût brisé. Dans ce cas toutes les pièces sur le passage de l'affût de rechange retirent les palans de retraite, écouvillons, refouloirs, etc.

Remettre la pièce sur son affût.

L'affût est remplacé !

Faire tourner la pièce suspendue au palan, de manière qu'elle présente la volée vers le point où elle doit aller (1). Faire tourner également l'affût qui doit toujours être placé derrière la culasse de la pièce et dans le même sens que cette dernière.

Présentez l'affût !

L'affût est poussé sous la pièce, en soulevant la queue de l'affût, s'il est nécessaire pour faire parer les tourillons des chevilles à tête plate : on place les encastremens au-dessous des tourillons.

Attention au garan !

Le chargeur se tient prêt à mollir doucement.

En douceur, amenez !

Le chargeur mollit doucement, les servants dirigent la pièce de façon que les tourillons entrent droit dans leurs encastrements.

Larguez-tout !

Le garan est largué et affalé. On décroche le palan, on décapelle l'erseau et l'élingue. Les deux armements se disposent à reconduire la pièce à son poste.

(1) Les pièces doivent toujours marcher la volée en avant ; la manœuvre est plus prompte. Pour les affûts à échantignolles, il faut toujours soulager la queue de l'affût.

Reconduire la pièce au sabord.

Marche!

La pièce est reconduite au sabord. Le second armement reprend aussitôt son poste. Dans toute la batterie, aussitôt que la pièce est passée, on remet tout en place. La pièce qui a changé son affût, capelle la brague, croche les palans de retraite et de côté, remet les sus-bandes, et r'habille le canon.

Nota. — Si l'on avait changé réellement l'affût; les deux armements de renfort, avant de reprendre leur poste, auraient reconduit l'affût changé au poste de l'affût de rechange.

Deuxième procédé.

Comme exercice, on peut aussi faire le changement d'affût, au moyen des bailles et des barres de cabestran. Cette méthode pourrait à la rigueur trouver des applications, sur les gaillards d'un bâtiment qui combattrait sans mâture, tel qu'une frégate blindée par exemple. —
On n'emploie qu'un équipage de pièce. Il faut avoir sous la main (pour un canon de 30, n° 4) quatre bailles de batterie basse; quatre coussins de canon de 30 n°. 2, trois barres de cabestan; et deux roues de rechange.

Pour changer l'affût au moyen des bailles et des barres.

Disposez!

Disposer la pièce.

Décrocher les pallans de côté, démailler la brague, rentrer la pièce jusqu'à ce que la tranche de la bouche déborde d'environ 10 centimètres, la face extérieure de la muraille. Laisser tomber la culasse sur le coin de mire. Décrocher le palan de retraite. Mettre en place la partie basse. Disposer à plat sur le seuillet du sabord deux coussins de canon de 30 n° 2, les gros bouts touchant les montants du sabord ; en placer deux autres par-dessus les premiers de la même manière. Disposer de chaque côté de l'affût, et l'une sur l'autre, deux bailles de combat de batterie basse. La bouche de la première reposant sur le pont ; la bouche de la seconde, reposant sur le fond de la première. Le centre des deux bailles par le travers du collet du bouton de culasse : l'écartement entre les bailles, assez grand, pour que les fusées de l'essieu passent sans les toucher quand on retirera l'affût. Disposer une barre de cabestan, en travers sur le pont, derrière l'affût ; et une de chaque côté de l'affût, prêtes à embarrer.

Soulager la pièce et retirer l'affût.

Soulagez!

Embarrer les deux barres de cabestan sous la culasse, trois hommes à chaque barre, et soulager la pièce. Le chef de pièce la soutient à mesure qu'elle monte avec le coussin et le coin de mire. Dès qu'elle est assez élevée, quatre hommes passent sous le bouton de culasse la troisième barre de cabestan et la font reposer sur les bailles. Trois d'entre eux soulagent alors un bout de la barre, tandis que le quatrième passe une roue de rechange entre ce bout et la baille. Cela fait, les quatre servants se portent à l'autre bout de la barre pour y faire la même opération. Pendant ce temps les autres servants continuent à soulager la pièce au moyen des barres embarrées sous la culasse. Dès que la seconde roue de rechange est en place, la pièce est assez soulagée pour qu'on puisse retirer l'affût. A cet effet, débarrer les barres de cabestan , enlever les roues de l'affût, et retirer ce dernier carrément par l'arrière.

NOTA. — On est obligé d'enlever les roues, parce qu'il s'en faut de deux centimètres que les chevilles à tête plate puissent parer la barre mise en travers sous le bouton.

Présenter l'affût et amener la pièce.

L'affût est remplacé !

Présenter l'affût de rechange dégarni de ses roues , le pousser sous la pièce de façon que les encastrements soient à l'aplomb des tourillons. Remettre les roues en place. Embarrer sous la culasse avec les deux barres de cabestan. Soulager un peu pour qu'on puisse retirer successivement les roues de rechange , la barre de cabestan et les bailles. Laisser tomber la culasse sur le coussin, dès que les tourillons reposent daus leurs encastrements. Dégager le sabord, ôter la partie basse, pousser en batterie, mailler la brague et regarnir la pièce.

VI

RENSEIGNEMENTS ET OBSERVATIONS DIVERS.

———

Des pièces et de leur gréement. — Les canons obusiers de 30 sont des pièces légères que les hommes manient facilement à la main, sans palan, ni anspect, lorsqu'on les a exercés, et que les circonstances exigent un tir rapide. Les canons de 30 n° 4, dont le poids, y compris l'affût, est supérieur de plus de 500 kilog. et qui ont le même armement, sont de pièces lourdes et incommodes à mouvoir. Elles fatiguent beaucoup les hommes, surtout lorsqu'elles sont placées devant les drômes.

Le gréement se compose de : Une brague : longueur d'œil en œil, de 5ᵐ, 00 à 5ᵐ, 30 (Cherbourg,) 5ᵐ, 50 à 5ᵐ, 70 (Toulon.)

Deux palans de côté : longueur du garan, depuis le cul de la poulie double, 8ᵐ, 70 à 9ᵐ, 00.

Un palan de retraite : longueur du garan, 13ᵐ 00 à 15ᵐ, 50.

Une aiguillette : longueur 20ᵐ, 00.

Ces longueurs conviennent à un canon de 30, n° 4.

Les longueurs de garan du palan de retraite, sont trés-variables par deux motifs : 1° Les boucles de retraite sont plus ou moins éloignées de la muraille ; 2° Les palans sont passés différemment selon qu'ils appartiennent à une pièce placée devant les drômes ou en dehors des drômes. On a vainement cherché une combinaison de palans de retraite qui permit, dans les exercices, de rentrer facilement les pièces. La meilleure, pour les pièces placées devant les drômes, les bittes, etc. est encore celle-ci: Le palan a deux poulies doubles; le dormant du garan est fait en son milieu, sur l'estrope de la poulie crochée au piton de croupière; les bouts passent dans la seconde poulie, de dessus en dessous, repassent dans la première de dessous en dessus; et les hommes agissent à la fois sur les deux courants mariés ensemble, Ils sont gênés, pour travailler, il est vrai, mais à chaque effort, ils soulagent la queue de l'affût, et la pièce vient au recul en peu de coups.

L'inégalité de longueur des palans de retraite, et les manières différentes dont on les passe, doivent les faire écarter des amarrages réguliers. D'ailleurs il est bon que ce palan soit toujours libre, prêt à crocher à son poste. Il est bon d'observer aussi que l'inégalité des bragues contrarie beaucoup les amarrages et le tir à longeur de brague. On ne comprend pas pourquoi elles ne sont pas rigoureusement égales.

OBSERVATIONS GÉNÉRALES SUR LES EXERCICES. — L'exercice du canon à blanc, a un double but: 1° Apprendre aux hommes tous les mouvements nécessaires pour charger, tirer et pointer une pièce; 2° Développer l'adresse et la force musculaire des hommes en leur faisant faire les manœuvres de force et les amarrages. Le principal, le fond de l'instruction, c'est la charge et le pointage, on ne saurait mettre trop de rigueur et de temps à obtenir la perfection de ces mouvements. Le reste n'est qu'accessoire ; il faut se garder de la tendance, qui fait consacrer à l'exercice des deux bords et à des amarrages rares, le même temps qu'à l'exercice d'un bord. Il est sans doute utile de larguer promptement un amarrage, on peut être surpris : mais la rapidité pour le faire, à quoi bon : si ce n'est pour délier les hommes? Il en est de même pour toutes les manœuvres de force, on a toujours assez de temps pour les faire ; et il ne faut pas en perdre trop pour arriver dans ces manœuvres à une perfection inutile. Quand on les réussit bien, cela prouve qu'on a des hommes bien exercés; mais il ne faut pas que se soit aux dépens des exercices d'un bord, dans lesquels certains mouvements restent médiocres, qui devraient être exécutés avec une rapidité et une précision absolue. Tels sont : les mouvements d'anspect aux 1er et 2me temps du 3me commandement et au 2me temps du 4me. Les mouvements de l'écouvillon et du refouloir, aux 1er et 2me temps du 5me commandement et aux 6me et 7me.

Rentrer la pièce et la mettre en batterie; exécuter vivement les pointages obliques et extrêmes; ce sont là des mouvements qu'il faut faire des centaines de fois avant de les obtenir passables.

Il ne faut pas tenir trop longtemps les hommes, sur l'exercice au détail, et ne jamais commander au détail à la batterie entière , dans les exercices généraux. L'exercice au détail se fait pour les arriérés , ou pendant les théories du canon ; pièce par pièce ou en réunissant deux pièces au plus. Mais au commencement de chaque exercice général on peu faire avec avantage deux tours (trois au plus) d'exercice par commandement et par temps : on fait recommencer cinq ou dix fois de suite s'il le faut chaque temps jusqu'à ce qu'il soit exécuté correctement par toutes les pièces.

En deux mois, si l'on fait, par semaine, deux exercices généraux , une théorie et une séance d'arriérés ; on doit avoir fait exécuter assez souvent tous les mouvements et toutes les manœuvres possibles pour que les hommes les sachent sans se tromper. Au bout de ce temps , il n'y a plus qu'à perfectionner l'exécution, et arriver à la plus grande rapidité possible.

Ainsi, à bord d'un vaisseau nouvellement armé, où l'on s'occuperait d'abord exclusivement de l'artillerie ; une batterie pourrait être dégrossie en quinze jour, avec un exercice d'une heure et demie par jour.

Dispositions pour l'exercice général. — La batterie doit toujours être approvisionnée entièrement. Tous les accessoires de section et les rechanges doivent être sous la main, pour l'école des avaries. Les curseurs supplémentaires et les règles de convergence doivent être aux pièces. Une caliorne de braguet est disposée sur la grand'vergue à l'aplomb du milieu du passavant. Une élingue à canon et son erseau sont au pied du grand mât. Au centre de chaque section on dispose une cuillère, un tire-bourre et une brague de rechange. On met un boute-fer et une corne d'amorce dans la baille du centre de la section. On a sous la main deux percuteurs de rechange. Il doit y avoir une baille de combat à chaque pièce du bord armé. Dans le combat il est rare qu'on change de bord , dans ce cas , ou quand on arme les deux bords, chaque pièce emporte avec elle sa baille ; l'essentiel est que chaque pièce du bord armé en ait une. Dans les exercices on les laisse toujours du bord armé le premier.

Quelques minutes avant l'exercice général les roues sont retirées et les essieux graissés ; la queue de l'affût est soulagée et les échantignolles frottées au savon.

Lorsque l'appel est rendu les hommes retirent leur vêtement de dessus, afin de pouvoir s'en couvrir au moment du repos, lorsqu'ils seront en sueur. L'été ils ne gardent que leur caseau. L'hiver ils conservent la chemise de toile. Il faut être très-attentif à leur faire remettre leur vêtement de dessus, avant le repos et avant de faire rompre. Sur le pont surtout les hommes sont exposés au froid, et ils ne se couvrent que si on les y contraint.

Vérification du matériel. — Vérifier si les curseurs ordinaires et supplémentaires sont conformes aux tables de construction, si ce sont bien ceux qui conviennent au placement de la masse de mire et à la forme du bourrelet. Vérifier si les percuteurs sont bien ajustés; leurs boulons toujours bien serrés, si les vis de pression des curseurs fonctionnent bien et ne sont pas usées; si les boites de hausse n'ont pas jeu, non plus que les masses de mire. Mesurer le diamètre des lumières et voir s'ils concordent avec les indications du registre signalétique. Reconnaître la meilleure position des ustensiles et accessoires qui ne restent pas dans la batterie. — Celle des affûts de rechange, des valets, des bouchons-pour canons rayés; des tampons pour mitraille d'obusiers. — Marquer les hampes des refouloirs, pour la charge à boulet plein, à boulet creux, à mitraille, à double projectile.

Entretien. Dispositions particulières. — Tenir les baptêmes grattés, ainsi que les traits d'axe et crans de mire du bourrelet : peindre en blanc ces traits et crans. Veiller que les bragues ne soient pas cassées dans les pitons à fourche. A cet effet, pendant une semaine, hâler tout le mou de la brague sur l'avant de l'affût, et la semaine suivante sur l'arrière. Lover ce mou le long du flasque en lui donnant la forme naturelle d'un S, sans chercher à rétrécir les coudes. Veiller qu'à la mer ou dans le port, les lumières soient bouchées avec un étoupin suivé. Que chaque affût contienne sa roue de rechange, s'il y en a, son aiguillette lovée au tour et son palan de retraite par dessus. — A la mer, visiter les charges et espalmer les boulets qui en font partie, au moins une fois par semaine, et plus souvent s'il est possible.

Coffre à munitions. — La batterie des gaillards doit toujours posséder une armoire placée sous la dunette ou le gaillard d'avant, ou un caisson entre les drômes pour loger les menus ustensiles de la batterie qu'on a besoin d'avoir sous la main. Elle contiendra habituellement les sacs à étoupilles et dégorgeoirs; des paquets d'étoupilles, si l'on est en temps de guerre ou si l'on est exposé à faire des branlebas de combat inopinément. Dix valets par pièce et dix bouchons pour canon rayé, etc.

Servants supplémentaires. — Ils sont nécessaires dans le tir des deux bords, chargeant à obus; mais à bord on ne désigne personne pour remplir ce poste;

il faut s'arranger pour s'en passer. Ce sera alors le premiers servant de gau-che de la pièce du chef provisoire, qui ira à l'obus; tandis que le premier servant de droite écouvillonnera seul.

Champ de Tir des Pièces. — Champ de Tir latéral.

Canon de 30 n° 4.
- pointage oblique 30° de chaque côté de l'axe du sabord.
- pointage extrême 43°   id.

Canon obusier de 30.
- pointage oblique 30°   id.
- pointage extrême 40°   id.

Champ de Tir vertical.

Canon de 30 n° 4.
- pointage positif $+ 14° 3/4$ } Arcole.
- pointage négatif $— 13° 1/2$ }

Canon obusier de 30.
- pointage positif $+ 10° 1/4$ } Napoléon.
- pointage négatif $— 11° 1/4$ }

Portée sous cet angle.

Canons rayés de 30, modèle 1555. (Arcole.)
- Au sabord de joue — Pointage permis par le sabord   »   »
  - id.   par l'affût $+ 32° 1/2$. 5,900^m
- Au sabord de chasse.
  - id.   par le sabord $+ 25°$... 5.250
  - id.   par l'affut $+ 35°$...... 6,025

Curseurs supplémentaires. — Quand on n'en a pas, on les construit à bord sur un modèle très-simple en bois. La limite de leur graduation est indiquée ci-après :

Canon de 30 n° 4. Portée sous l'angle de $14° 3/4$
- boulet plein.   2,840^m
- charge de 2 kilog. 500. — boulet creux.   2,720

Canon obusier de 30. Portée sous l'angle de $10° 1/4$,
- boulet plein.   2,196
- charge de 2 kilogrammes. — boulet creux.   2,162

INSTRUCTION SUR LES TIRS.

Dispositions pour le matériel, avant le tir (à vérifier dès qu'on a rappelé en batterie). — Mettre en place partout les bragues de combat. — Vérifier si les écrous des boulons de percuteur, sont bien serrés et si les percuteurs n'ont pas de jeu ; si les clavettes des boulons de manilles de brague, sont en place et munies de goupilles ou de lanières en cuir. Si les lumières sont bien dégagées. — Faire remplir tous les sceaux d'incendie en bois ; les disposer au pied de chaque mât. Les gabiers, munis de fauberts, mouillent les toiles de bastingage dans toute leur étendue ; ils mouillent à grande eau les port-haubans, les haubans et les rides dans le voisinage des sabords.

Veiller que l'armurier ait sous la main deux percuteurs de rechange et six boulons de rechange au moins ; qu'il ait dans son sac un tournevis et un villebrequin. Le second-maître de la batterie doit avoir sous la main un nombre suffisant de cordons de percuteur de rechange (*au moins six*), et dans son tablier, un dégorgeoir à vrille et deux paquets d'étoupilles. Les cornes d'amorce doivent être remplies et les mèches des boute-feu renouvelées.

En temps de guerre, les bailles de combat doivent toujours être pleines d'eau et rester dans les postes à canon. Les filets de bastingage et de muraille sont en place. L'écouvillon et le refouloir sont fixés par des ganses au-dessus du sabord de chaque pièce. Les sacs à étoupilles, renfermant chacun cinq étoupilles au moins, sont placés dans les affûts. Les bragues neuves restent en place. Les curseurs supplémentaires et les règles de convergence sont disposés sur des crochets, le long des flasques à l'intérieur des affûts.

Distribution du coton-cardé aux chargeurs. Il est essentiel qu'ils aient les oreilles protégées contre les explosions des pièces voisines, supérieures ou inférieures qui les inquiètent et les font souffrir sans cette précaution. Les chefs de pièce, au contraire, qui ne sont pas exposés à ces explosions rapprochées, et qui doivent sans cesse avoir l'oreille au guet, ne doivent point se boucher les oreilles.

Pendant toute la durée du tir les gabiers surveillent les port-haubans ; ils tiennent les bastingages et les rides mouillés et ils éteignent les flammêches qui courent sur les ponts et se logent sous les manœuvres.

Points importants à rappeler à l'attention des hommes avant le tir. — (Aussitôt que toutes les dispositions sont prises). Rappeler au chef de pièce, qu'il doit bien boucher la lumière ; qu'il doit bien veiller à ce qu'il n'y ait rien dans la direction des roues et sur l'arrière de l'affût, au signal du feu, qu'il doit mettre promptement la pièce, à même d'être rechargée pour faciliter l'office des chargeurs ; qu'elles précautions il doit prendre en cas de raté, ce sont des choses que les chefs de pièce oublient souvent. Rappeler aux chargeurs d'écouvillonner avec soin et de bien s'effacer pendant la charge : aux deuxièmes servants, qu'ils doivent caler les roues lestement pour que la pièce ne revienne pas trop en batterie, et bien ensemble, afin qu'elle ne vienne pas en travers ; aux troisièmes servants de tenir l'œil fixé constamment sur le chef de pièce, et sur sa main pendant les pointages ; aux derniers de droite, de bien laver et essuyer chaque fois l'écouvillon ; aux derniers de gauche, de retirer lestement tous les doubles du palan de retraite de dessous l'affût, au moment du recul ; de contretenir : sur le garan au moment ou l'affût arrive en batterie, afin qu'il ne heurte pas la muraille avec force.

Manière de charger les pièces. — Dès qu'on a indiqué la charge qui sera employée dans le tir, le chef de batterie commande: Les pourvoyeurs à la poudre ! Aux palans de retraite ! Palanquez ! Mouillez les écouvillons ! Les écouvillons sont mouillés à grande eau et frottés avec la main au-dessus des bailles ; on doit s'assurer que le bout, la partie qui frotte au fond de l'âme est bien humectée. Lorsque tous les pourvoyeurs sont revenus du passage, on commande : Ecouvillonnez ! Chargez ! On écouvillonne avec soin en tournant plusieurs fois l'écouvillon dans l'âme, et en appuyant sur le fond ; puis on charge et l'on met en batterie à volonté

Indication à donner avant et pendant le tir. — Tandis que le but n'est pas encore dans le champ de tir, ou toutes les fois qu'il en est sorti, faire venir les chefs de pièce aux sabords, leur expliquer où est le but, le leur faire voir, s'assurer qu'ils le distinguent et le reconnaissent bien. Leur indiquer dans quel sens porte le vent, qu'elle est la vitesse relative du navire ; leur dire de combien il faut viser à droite ou à gauche.

Défendre aux surveillants et instructeurs de parler aux chefs de pièce et de les troubler pendant le pointage et l'exécution du feu. — Dans ces instants, ils doivent être laissés librement à eux-mêmes, toute parole, toute recommandation, les trouble et influe sur le tir d'une manière fâcheuse.

Transmission d'ordres pendant le tir. — Dans le cours du tir, exiger que les surveillants et instructeurs suivent de l'œil, les curseurs des pièces pour voir si les chefs n'oublient pas de les mettre aux crans indiqués; qu'ils répètent à tous les chefs, homme par homme, les indications du chef de batterie, relatives aux charges et aux pointages, lorsqu'elles viennent à changer.